T0042246

NATIONAL GEOGRAPHIC
School Publishing

El espacio

Juan Rueda

PICTURE CREDITS
Illustration by David Legge (14–15).
Cover (all), 11 (above left), 12–13, 16 (above right), NASA; 1, 7 (above left & right), 8, 9 (left), 10 (all), 16 (below left), Photolibrary.com; 2, 5, 6, 9 (right), 16 (above left, above center), APL/Corbis; 4, 7 (below left), 11 (right), 16 (below right), Getty Images.

Produced through the worldwide resources of the National Geographic Society, John M. Fahey, Jr., President and Chief Executive Officer; Gilbert M. Grosvenor, Chairman of the Board.

PREPARED BY NATIONAL GEOGRAPHIC SCHOOL PUBLISHING
Ericka Markman, Senior Vice President and President Children's Books and Education Publishing Group; Steve Mico, Senior Vice President and Publisher; Marianne Hiland, Editorial Director; Lynnette Brent, Executive Editor; Michael Murphy and Barbara Wood, Senior Editors; Bea Jackson, Design Director; David Dumo, Art Director; Margaret Sidlowsky, Illustrations Director; Matt Wascavage, Manager of Publishing Services; Sean Philpotts, Production Manager.

SPANISH LANGUAGE VERSION PREPARED BY NATIONAL GEOGRAPHIC SCHOOL PUBLISHING GROUP
Sheron Long, CEO; Sam Gesumaria, President; Fran Downey, Vice President and Publisher; Margaret Sidlosky, Director of Design and Illustrations; Paul Osborn, Senior Editor; Sean Philpotts, Project Manager; Lisa Pergolizzi, Production Manager.

MANUFACTURING AND QUALITY MANAGEMENT
Christopher A. Liedel, Chief Financial Officer; George Bounelis, Vice President; Clifton M. Brown III, Director.

BOOK DEVELOPMENT
Ibis for Kids Australia Pty Limited.

SPANISH LANGUAGE TRANSLATION
Tatiana Acosta/Guillermo Gutiérrez

SPANISH LANGUAGE BOOK DEVELOPMENT
Navta Associates, Inc.

Published by the National Geographic Society
Washington, D.C. 20036-4688

Copyright © 2008 National Geographic Society. All rights reserved. Reproduction of the whole or any part of the contents without written permission from the publisher is prohibited. National Geographic, National Geographic School Publishing, National Geographic Windows on Literacy and the Yellow Border are registered trademarks of the National Geographic Society.

ISBN: 978-0-7362-3847-2

Printed in Mexico
Print Number: 04 Print Year: 2023

Contenido

Pensar y conversar	4
El planeta Tierra	6
La Luna	8
Las estrellas	10
El Sol	11
Nuestro Sistema Solar	12
Usar lo que aprendieron	14
Glosario ilustrado	16

Pensar y conversar

Hablen sobre lo que ven en el cielo.
¿En qué se diferencian la noche y el día?

El planeta Tierra

Vivimos en un **planeta** llamado Tierra. La Tierra tiene luz, agua y aire.

Así se ve la Tierra desde el espacio.

Necesitamos luz, agua y aire para vivir.

Sentimos cómo se mueve el aire cuando sopla el viento.

La Luna

Muchas noches, podemos ver la **Luna** en el cielo.

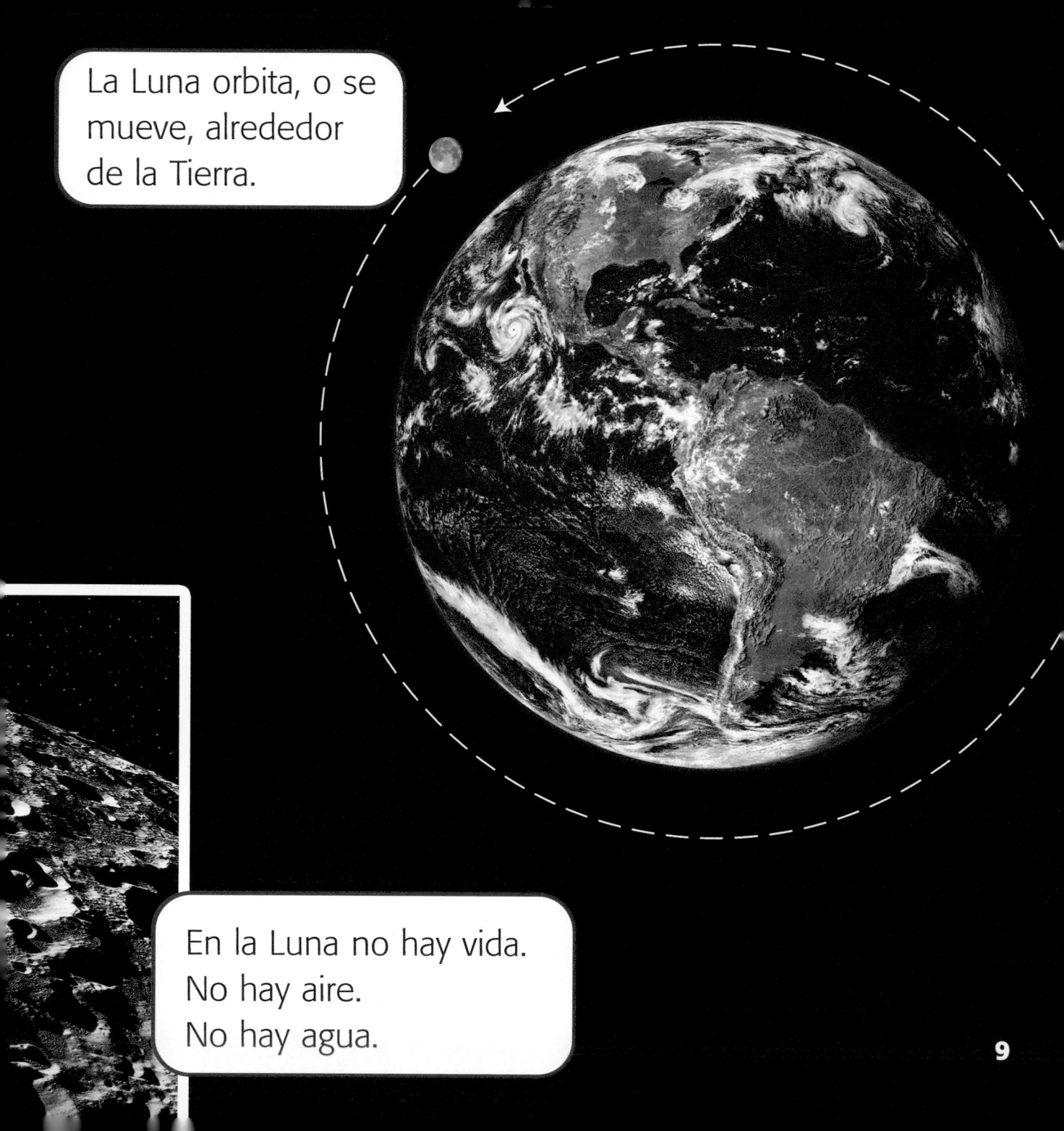

La Luna orbita, o se mueve, alrededor de la Tierra.

En la Luna no hay vida.
No hay aire.
No hay agua.

Las estrellas

Muchas noches, podemos ver **estrellas** en el cielo.

Una estrella es una enorme bola de gas que se quema.

Desde la Tierra, las estrellas parecen pequeñas. Eso es porque están muy lejos.

El Sol

El **Sol** es una estrella.
Es la estrella más cercana a la Tierra.

El Sol es muy caliente.

El calor y la luz de la Tierra proceden del Sol.

Nuestro Sistema Solar

La Tierra orbita alrededor del Sol. También lo hacen otros planetas. Todos ellos son parte de nuestro **Sistema Solar.**

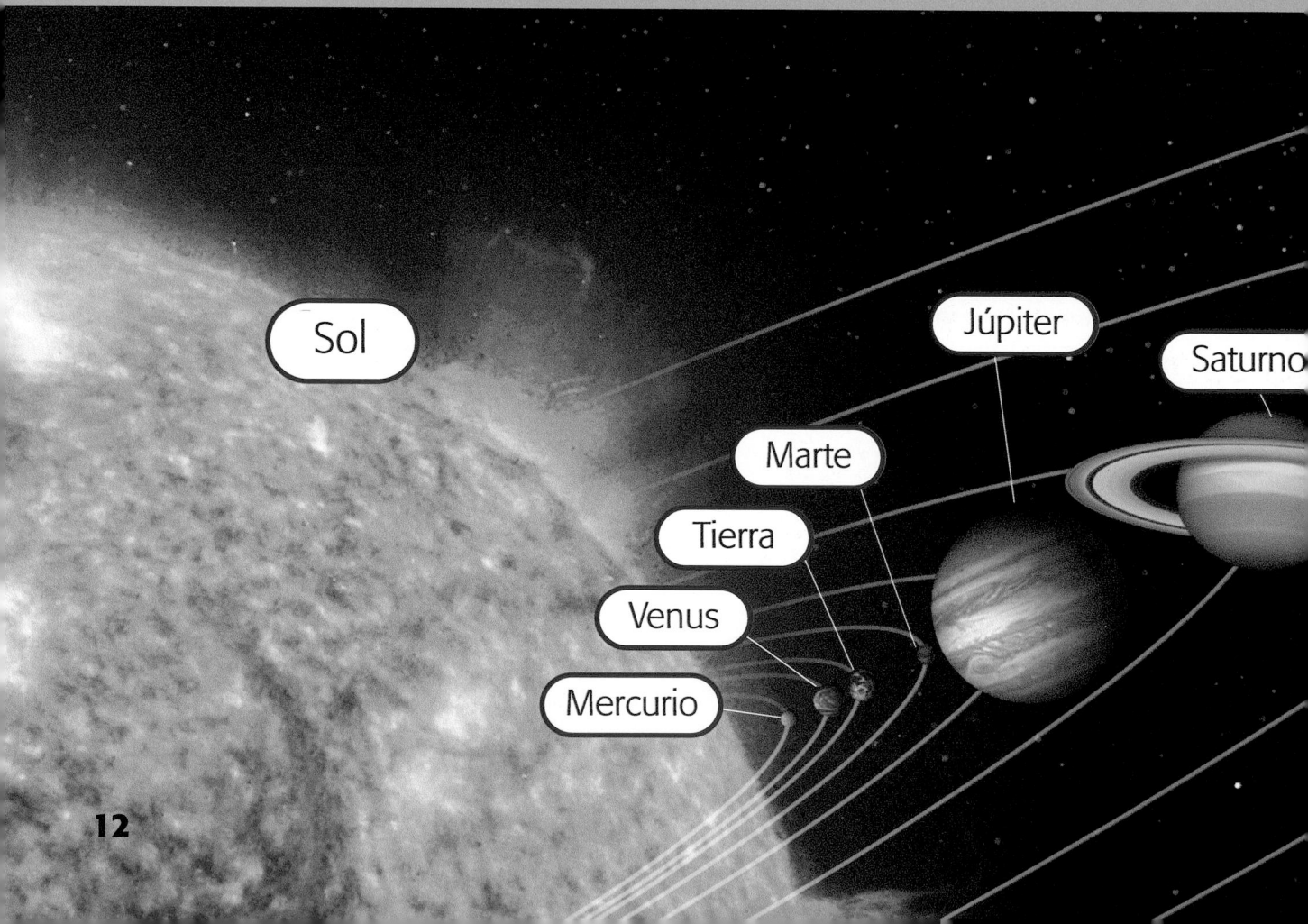

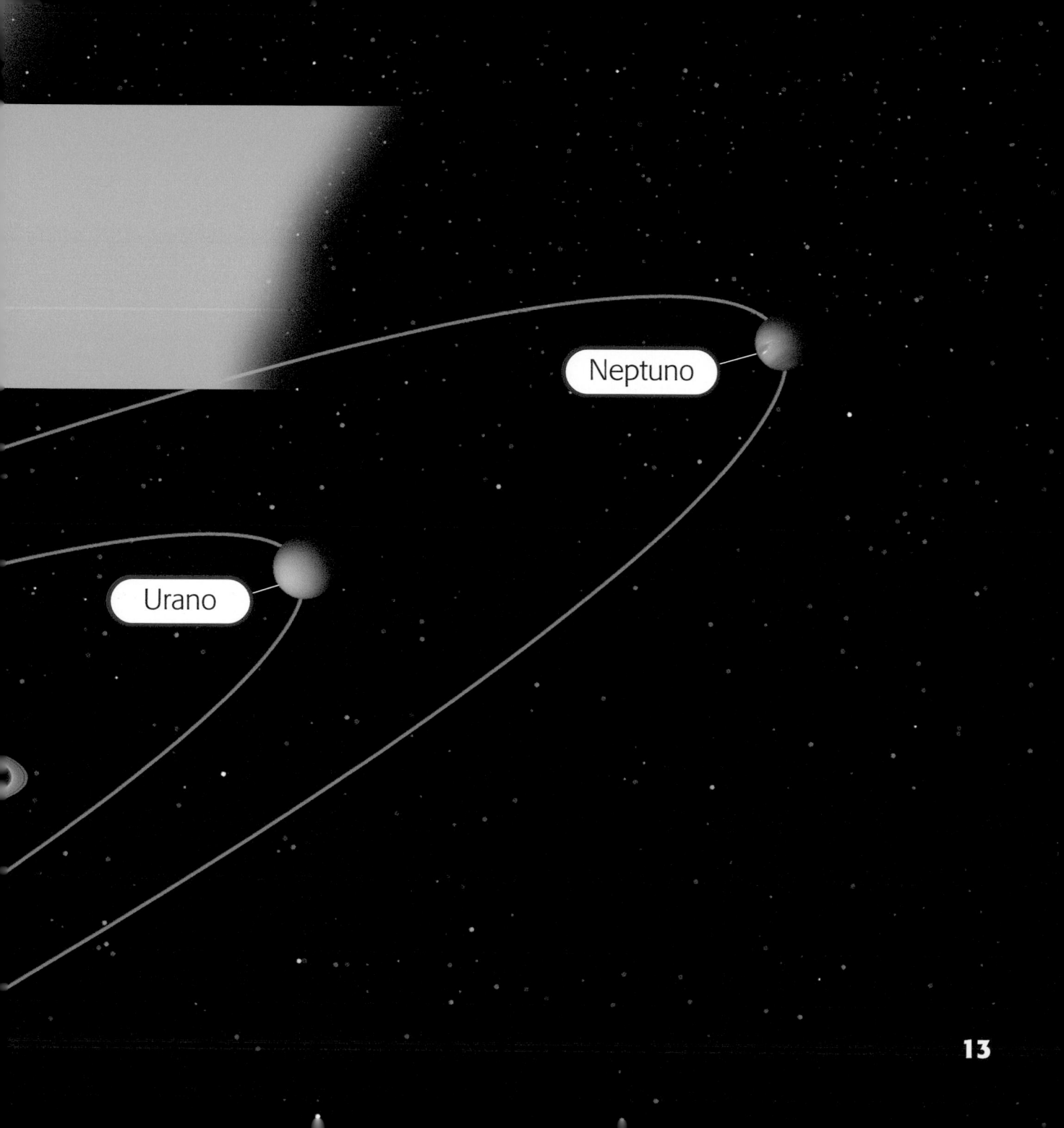
Neptuno
Urano

Usar lo que aprendieron

Estos niños están estudiando el espacio. Hablen sobre sus proyectos y cartelones.

cielo

día

estrellas

Luna

noche

planeta

Sol

Tierra

Glosario ilustrado

estrellas

Luna

planeta

Tierra

Sol